编委会

主　编：宫　齐　古伟芳

编　委：饶　红　程　倩　廖开洪　余广庆　陈　林　李　红

　　　　汤　琼　梁瑞清　罗晓红　马利红　胡慕辉　李亦玲

其他参编人员：

　　　　唐其悦　李　丹　张馨予　陈金玲　黄玲玲　庾又心

　　　　鄢进新　鲍京秀

图说

School of Foreign Studies, Jinan University

暨南外院

宫 齐 古伟芳 主编

暨南大学出版社
JINAN UNIVERSITY PRESS

中国·广州

图书在版编目（CIP）数据

图说暨南外院/宫齐，古伟芳主编．—广州：暨南大学出版社，2019.10
ISBN 978 - 7 - 5668 - 2671 - 8

Ⅰ．①图…　Ⅱ．①宫…　②古…　　Ⅲ．①暨南大学外国语学院—概况—图集
Ⅳ．①G649.286.51 - 64

中国版本图书馆 CIP 数据核字（2019）第 138200 号

图说暨南外院
TUSHUO JINAN WAIYUAN
主　编：宫　齐　古伟芳

- -

出 版 人：徐义雄
责任编辑：曾鑫华　高　婷
责任校对：林玉翠
责任印制：汤慧君　周一丹

出版发行：暨南大学出版社（510630）
电　　话：总编室（8620）85221601
　　　　　营销部（8620）85225284　85228291　85228292（邮购）
传　　真：（8620）85221583（办公室）　　85223774（营销部）
网　　址：http://www.jnupress.com
排　　版：广州市天河星辰文化发展部照排中心
印　　刷：深圳市新联美术印刷有限公司
开　　本：787mm×960mm　1/16
彩　　插：12
印　　张：12.75
字　　数：250 千
版　　次：2019 年 10 月第 1 版
印　　次：2019 年 10 月第 1 次
定　　价：68.00 元

暨南大学党委书记林如鹏教授

扬中华优秀文化

建一流外语平台

庆暨南大学外语学院90

华诞

林如鹏

暨南大学校长宋献中教授

耕耘九十载　作育外语英才

展望新百年　再创外院辉煌

宋献中

外国语学院现任领导班子

院长　宫齐教授

党委书记　古伟芳

党委副书记　饶　红

副院长　程倩教授

副院长　廖开洪教授

暨南大学外国语学院 90 周年院庆（1927—2017）

暨南大学外国语学院 90 周年庆典大会会场

时任暨南大学校长胡军教授致辞

暨南大学党委书记林如鹏教授致辞

暨南大学党委副书记夏泉教授出席大会

暨南大学外国语学院院长宫齐教授致辞

中国翻译协会常务副会长、广东省翻译协会会长仲伟合教授致辞

广东外国语言学会会长、"长江学者"黄国文教授致辞

广东省翻译协会副会长、广东金融学院校长雍和明教授致辞

上海外国语大学英美文学研究中心主任、"长江学者"特聘教授乔国强致辞

国际著名语言学家、国际语料库及评测技术
合作与标准化委员会主席 Dafydd Gibbon 教授致辞

广州塔旅游文化发展股份有限公司董事长
陈强先生致辞

外国语学院古伟芳书记主持大会

外国语学院澳门校友会会长廖国瑛先生发言

外国语学院校友会会长仇丽女士发言

外国语学院学生代表何琳芳同学发言

外国语学院 90 周年院庆全体与会人员合影

序

在暨南大学悠久的办学历史上，外国语言文学学科以及外国语学院（含其前身外国语文学系）一直是暨南大学的重要组成部分。学校秉承传播中华优秀文化、培育华侨华人子弟、促进中外文化交流的初心，十分重视中外语言文化的研习与传播，在院系架构、师资聘请、课程设置及招生诸方面，进行了卓有成效的工作，培养了大批高素质的外语人才，赢得了海内外广大家长与学子的高度赞誉。

暨南大学党委副书记夏泉教授

从 1927 年暨南大学文学院外国语文学系成立，2001 年组建暨南大学外国语学院，到 2017 年举行建院 90 周年庆典，学院一路风雨兼程，砥砺前行。学院的发展凝聚着一代代外语学人的薪火传承，外国语言学科名师云集，叶公超、梁实秋、洪深、戚叔含、周熙良、钱锺书、许国璋以及曾昭科、翁显良等著名学者任教于此，为暨南大学外国语言学科奠定了雄厚的学术基础，孕育了优良的学风。以此为依托，近年来，学院在宫齐院长、古伟芳书记的带领下，在学科建设、人才培养、党建工作诸方面持续发力，成就斐然。

为了梳理办学历程，总结办学经验，借暨南大学外国语学院 2017 年建院 90 周年之机，由外国语学院宫齐院长、古伟芳书记主编的《图说暨南外院》即将付梓。该书主要收录了外国语学院 90 多年办学历史上的重要图片，图文并茂地记载、呈现了学院重要的历史事件与人物，由此见证学院（学科）的诞生、发展、壮大。这是一件非常有意义的事情，我对该书的出版特致以热烈祝贺。衷心希望在国家"双一流"与高水平大学建设的新征程中，学院能以建院 90 周年为契机，一心一意谋划学科建设，聚焦立德树人与人才培养这一核心，不负重托，团结拼搏，在新时代把外国语学院的教学、科研与人才培养工作推上一个新台阶。

夏　泉

2019 年 3 月 18 日

于北京中央党校

前　言

暨南大学是中国第一所由政府创办的华侨学府，其前身是 1906 年清政府创立于南京的暨南学堂。由南京迁至上海后，于 1927 年更名为国立暨南大学。其中的文学院便是最初设立的五大学院之一——①。叶公超、梁实秋先后任外国语文学系主任。1937—1941 年间（"孤岛"时期），文学院内部调整后，郑振铎任文学院院长，孙大雨任外国语文学系主任，后郑振铎兼任，陈麟瑞继之。太平洋战争爆发后，学校迁址福建建阳（1941—1946 年，即"建阳时期"），咸叔含任外国语文学系主任。此间，外国语文学系人才济济，汇聚了众多优秀的专家和学者，或任教或求学于该系，除前面提到的历任系主任之外，还有谢六逸、余上沅、梁遇春、余楠秋、孙石灵、洪深、李健吾、周熙良、钱锺书、张其春、施蛰存、许国璋、曹未风、顾仲彝、袁文彰、胡其炳等。抗战结束后，学校于 1946 年回迁上海。1949 年并入复旦大学、交通大学等高校。

中华人民共和国成立后，暨南大学于 1958 年在广州重建。重建时期（1958—1970 年），暨南大学各系科历经了多次调整后，设有 5 系 11 个本科专业，其中外国语及外国文学课程被纳入中文系的教学规划。1962 年，外语系设立。1970 年，学校因"文革"再度停办，直至 1978 年复办。复办之初，学校对系科专业设置以及院系再度调整，其中外语系设于文学院。詹伯慧教授任文学院院长，谭时霖教授任副院长。当时的外语系开设有英语、日语及行政文秘专业，曾昭科、翁显良、张銮铃、黄锡祥、黄均、谢耀文、林少华等多位知名学者和专家均任教于此，培养出了一届又一届的优秀暨南学子。

进入 20 世纪 80 年代，随着国家改革开放的步步深入，学校的各项工作蓬勃发展。1996 年学校迈入"211 工程"重点建设大学行列，外国语言文学学科的建设也取得了长足发展。2001 年 5 月在原外语系和大学英语教学中心的基础上组建了外国语学院。学院成立后，在学校省部部共建重点高校（2011）和广东省重点建设高校（2015），以及国家"双一流"建设高校（2017）的推进下，外国语学院充分利用和发挥综合性大

---

① 当时大学下设 5 个学院，分别是商学院、文学院、理学院、教育学院和法学院；文学院下设 4 个系，分别为中国语文学系、外国语文学系、政治经济学系和历史社会学系。

学学科齐全的平台优势，不断完善教学管理机制，深化教学改革，抓住培养人才这一核心任务，强化学生的外语基本功，不断提升教学质量。如今的外国语学院已拥有教职员工160余人（包括外籍教师），其中教授15人，副教授50余人，讲师69人；博士生导师5人，硕士生导师50余人。学院专任教师队伍中已获博士学位者多达60余人。目前已形成四系一部的格局，即英语系、商务英语系、日语系、法语系和大学英语教学部①；同时还设有外国文学、语言学、跨文化与翻译、日本语言文化及外语教学等5个研究所。此外，学院还拥有外国语言文学硕士学位一级学科（含英语语言文学、外国语言学及应用语言学、日语语言文学和法语语言文学4个二级学科）及翻译专业硕士（MTI）学位授权点。近3年来，学院教师共获批国家社科基金项目15项，教育部及广东省社科规划项目20余项。

目前，外国语学院已与多家国际著名高校建立了合作关系或学术交流，其中包括美国的加州大学、科罗拉多大学，澳大利亚的墨尔本大学，法国的巴黎七大、里昂天主教大学，英国的斯特拉斯克莱德大学、斯特灵大学，西班牙的马德里大学，日本的早稻田大学、上智大学、同志社大学、东洋大学，德国的曼海姆大学以及波兰的华沙大学等。近年来，学院还举办了多场各类国际或国内学术研讨会和高端论坛，每年定期聘请国际著名学者来学院做短期访问讲学，并聘请国内著名专家、教授来学院进行学术交流。与此同时，我们还派出了大批师生赴海外著名高校参加国际会议、访学或留学深造。

随着国家"一带一路"倡议的步步深入，高水平和"双一流"大学建设及粤港澳大湾区发展战略的全面实施，这一切都为我校外语学科的发展开创了良好的机遇，搭建了重要的发展平台。我们将始终恪守"忠信笃敬"之校训，弘扬我院90多年治学的光荣传统，努力拼搏，开拓进取，不断创新，坚持把传承中华民族的优秀传统文化、立德树人、培养高素质的新一代暨南人作为自己的重要使命，努力将暨南大学外国语学院打造成我国外语专业教学与研究的重要基地，为擦亮暨南大学外语学科的金字招牌，为学校新百年征程建设高水平和双一流大学，为国家培养更多高素质的外语专业人才做出应有的贡献。

90年院庆前，我们筹划编写《图说暨南外院》和《话说暨南外院》两部姊妹篇院史丛书。"图说"，顾名思义，即用历史图片来展现暨南外语学科90多年的发展历程；后者"话说"指用文字记述的方式来叙述这段光辉的历史。前后两部史料类书籍，内容相互照应，互为补充，这也是第一部较为翔实记述暨南大学外语学科成长和发展的文献史料，对希望了解和研究暨南大学外语学科发展的读者具有重要的参考价值。

---

① 西班牙语系也已获学校批准组建。

2017 年 11 月，我们迎来了暨南外国语学院 90 周年华诞。逢此盛事，我们启动了《图说暨南外院》一书的编写工作，历时一年多的时间，编写工作基本完成。在本书的编写过程中，我们的部分在校研究生亦参与了全书的资料收集和编写，他们分别是唐其悦、李丹、陈金玲、张馨予、庚又心、鲍京秀、黄玲玲和鄢进新。在《图说暨南外院》一书即将付梓之际，我们衷心感谢暨南大学党委书记林如鹏教授、校长宋献中教授为本书题词，校党委副书记夏泉教授为本书作序。我们还要感谢外国语学院的退休老教师谈香绮、黄锡祥、黄均、刘国侠等为本书的编写提供了珍贵的历史照片，感谢郑建敏校友为我们提供了她祖父郑洪年先生（国立暨南大学首任校长）的诗集和珍贵相片。同时，我们还要感谢那些在本书编写的不同阶段为我们提供各种帮助的研究生同学，他们是李鹏、伍晓娟、李诗雅、罗茜、聂文等。最后，我们还要感谢暨南大学出版社的曾鑫华编辑为本书的出版付出了大量心血。

由于编者的水平和时间有限，书中的疏漏在所难免，我们恳请各位师长、校友和同学提出宝贵的批评意见。

宫　齐
2019 年 1 月 20 日
于暨南大学石牌校区

目　录

上篇
（上海）真如—（福建）建阳时期
（1923—1946）

巍巍学府，百年沧桑。家国巨变，初心不忘。
栉风沐雨，数代含芳。薪火相传，教泽八方。
暨南伊始，金陵学堂。海外学子，远涉重洋。
上海真如，改弦更张。国立暨南，立于沪江。
三七国难，租界流浪。枪林弹雨，孤岛不亡。
太平战始，南迁建阳。文庙虽苦，发奋图强。
复员回沪，百废待旺。风雨飘摇，壮志渺茫。
红星照耀，广州重创。百十一年，暨南未央。

　　1927 年 9 月，国立暨南大学在上海真如成立。此间，文学院成立。陈中（钟）凡担任文学院院长。文学院下设中国语文学、外国语文学、政治经济学和历史社会学 4个学系。叶公超担任外国语文学系系主任，后梁实秋继任。

　　真如时期，外国语文学系西洋文艺思潮与民族性作品并重，对本国文艺的兴起有所影响。本系教学尤注重学生课外经典阅读，在本系教师的努力下，学校图书馆不断添购西文书籍，学生可随时浏览。英文谈话会每周至少举办一次。

　　1932 年 1 月 28 日，淞沪战争爆发。3 月 3 日，真如校舍被敌军占领，师生撤离。是年 9 月，学校方得以重回真如，重返后学校缩小办学规模，而文学院进行了内部调整。至 1936 年，文学院共开设各类课程 109 门，其中中国语文学系 27 门，外国语文学系 30 门，历史地理学系 26 门。1937 年 8 月，抗日战争全面爆发，真如校区教学中止。

　　随后，学校奉令迁入上海公共租界继续办学。当时的国立暨南大学身处"孤岛"，物资匮乏，环境险恶，但师生关系融洽，学风浓郁。"孤岛"四年，郑振铎担任文学院院长兼中国语文学系主任；孙大雨任外国语文学系主任，后由郑振铎兼任，陈麟瑞继之。1941 年 12 月 8 日，太平洋战争爆发，"孤岛"沦陷，学校再度停办。

　　1941 年底，学校整体迁往福建建阳。建阳办学条件艰苦，历时两年才基本将校舍和道路建成。沈炼之担任文学院院长，戚叔含任外国语文学系主任，方光焘任中国语文学系主任。1946 年 3 月，学校复迁上海。

　　至此，暨南已历经"上海真如""孤岛""福建建阳"三个历史阶段。

一、真如时期的暨南大学（1923—1937）

1. 真如时期的校长

姜　琦（1925—1927 年任国立暨南学校校长）　　**郑洪年**（1927—1934 年任国立暨南大学校长）

沈鹏飞（1934—1935 年任国立暨南大学代校长）　　**何炳松**（1935—1946 年任国立暨南大学校长）

2. 真如时期的题词、校徽及校歌

1928 年，胡适为国立暨南大学题词

老圃艰难那复知世年成
世有馀恩已罢耕耘吾
事了栽培长养重相期

暨南大学三十周纪念

郑洪年

1936年，郑洪年为国立暨南大学题词

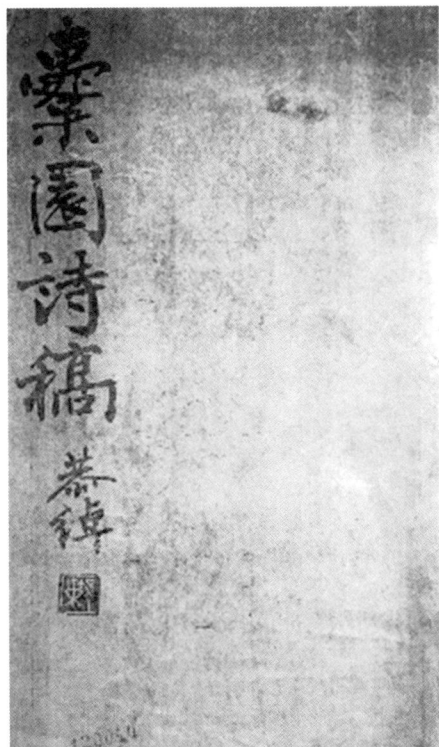

乙未十二月谨刊此诗怅念陈
郑韶觉校长逝席为八秩晋一诞辰纪念
旅台暨南校友会同人敬献

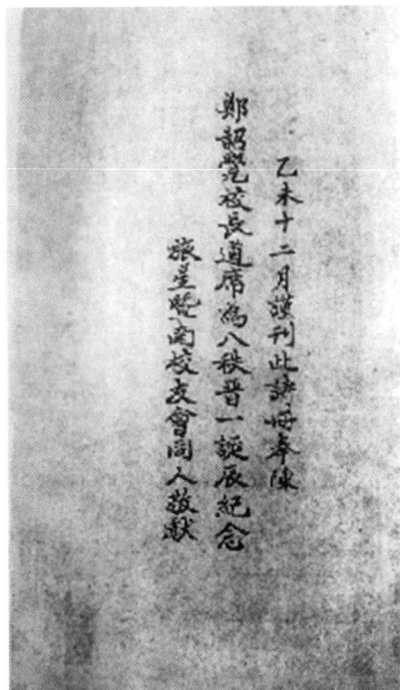

卅载不曾游邓尉
湘名花好古自怜
用汝梅历历永霜清
竹岁寒阶百年志事馀高咏四
柏摩挲又一回 余廿一岁在扬州 先叔祖

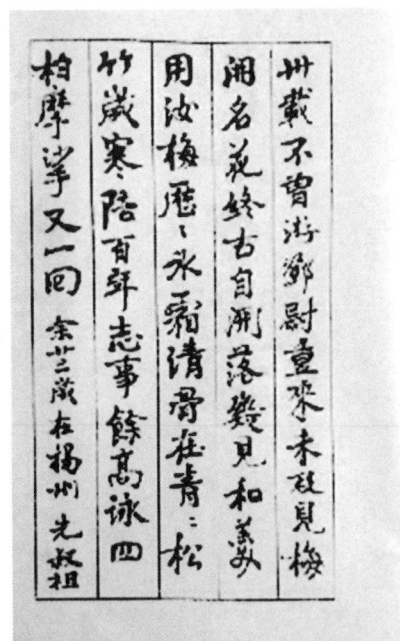

郑洪年《囊园诗稿》

校训

忠信笃敬

何炳松書

何炳松手书：忠信笃敬（校训）

1926 年国立暨南学校校徽

1930 年国立暨南大学校徽

1930 年国立暨南大学校徽

国立暨南大学真如时期校旗

国 立 暨 南 大 学 校 歌

甲變調

奕奕　禹甸 在昔萬邦　分職貢懷德　威聲教遠訖殊　種

君子　居之南方之强　稱於孔恢舊業揚國光惟予　衆

言忠　信　行篤敬　尚勉　哉先哲言終身　誦

自治　自立 更莫賴外　族帡幪興教　化振工商鼓余　勇

20世纪二三十年代国立暨南大学的校歌

3. 真如时期的校景

1937 年国立暨南大学校门

旧校门

校门与暨南河的波光

暨南河

大学部教学楼

莲韬馆

莲韬馆（西洋文化教育事业部）

莲韬馆内的花架石径

南洋文化教育事业部

科学馆

1927 年落成的图书馆大楼

图书馆阅书室

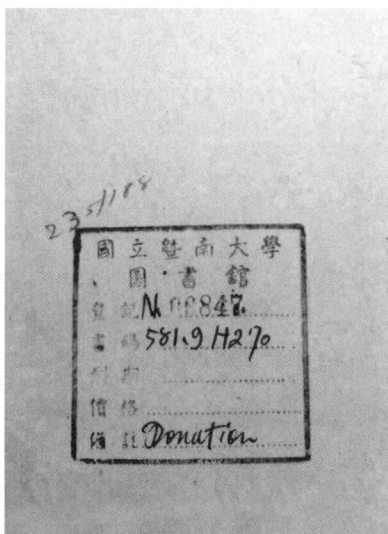

藏书封面 1

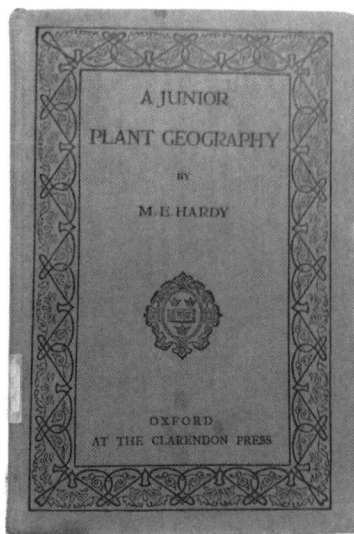

藏书封面 2

致远堂

文学院、商学院教学楼

早期的文学院、商学院教学楼（又名大教室）

膳堂

第一宿舍

第二宿舍

第三宿舍

第四宿舍

学生宿舍楼

4. 真如时期的教学活动

20 世纪二三十年代，国立暨南大学课堂

20 世纪二三十年代，国立暨南大学师范生上课

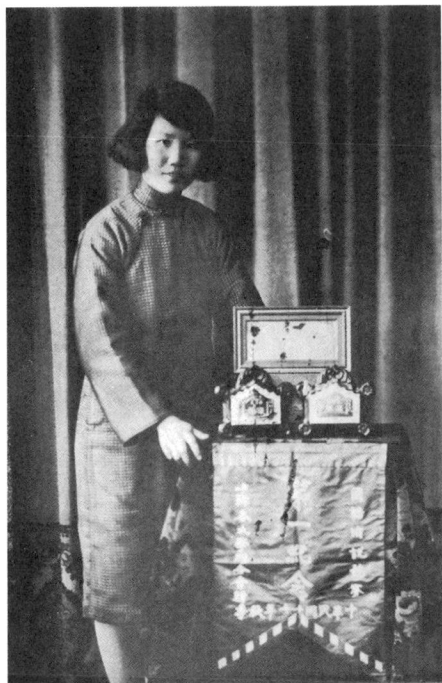

1929 年秋，杨泽衡同学获得上海复旦、交通、光华、暨南四大学演说竞赛国语演说冠军

1929 年秋，林清池同学获得上海复旦、交通、光华、暨南四大学演说竞赛英语演说冠军

暨南學報

第一卷　第一號

發刊詞
我國史前史的輪廓
陳藏中的桑類帝
魏晉南北朝外來的醫術與藥物的考證
唐代波羅樓教考
鴉片勒及其批判
商品本貨論
經營經濟學之成立與其發展
廈門埠之經濟事改造論
中國國會系統之演變
墟化勝品武繪案(Buddho-Baroockoscise)之研究
審評　埼吉訒：工藝論
訒圃書集成「阿曲部」

何炳松
周予同
陳芒同
張素民
楊衛藩
敬宇
鄭達謀
都　烈遠堇

國立暨南大學出版部出版委員會編輯

1936 年出版的《暨南学报》封面

国立暨南大学时期的部分出版物

5. 真如时期的文体活动

1936 年，暨南学生参加德国柏林第 11 届奥林匹克运动会

1936 年，暨南学生参加德国柏林第 11 届奥林匹克运动会途中，在新加坡受到当地暨南校友的热烈欢迎

20世纪30年代，国立暨南大学篮球队赴菲律宾参加赛事回沪时的合影，前排中为郑洪年校长

20世纪30年代，国立暨南大学篮球队南征凯旋时的合影

20 世纪 30 年代，国立暨南大学获得江南八大学女子篮球冠军

20 世纪二三十年代，国立暨南大学的田径队男健儿

6. 真如时期的合影

20 世纪二三十年代，郑洪年校长（前排中）与南洋文化教育事
业部同仁合影

1936 年校务会议选举会成员合影
（左起：大学秘书兼总务长杜佐周、商学院院长程瑞霖、校长何
炳松、文学院院长郑振铎、理学院院长程瀛章）

1928 年 12 月，国立暨南大学全体教职员、学生合影

20 世纪二三十年代，国立暨南大学英文唱歌班成员合影

20 世纪二三十年代，国立暨南大学英语演讲竞赛会会员合影

20 世纪 30 年代，外国语文学系第 31 届学生合影

1937 年，外国语文学系毕业生合影

1937 年 4 月 26 日，外国语文学系毕业生合影

外国语文学系 1929 级毕业生留影

二、"孤岛"、建阳时期的暨南大学（1937—1946）

1. "孤岛"、建阳时期的文学院院长

郑振铎 "孤岛"时期文学院院长

沈炼之 建阳时期文学院院长

2. "孤岛"、建阳时期的校景

建阳时期的校门

建阳时期竖立在校门前的牌坊，牌坊上端正面为
校名"国立暨南大学"，背面书"声教南暨"四个大字

建阳时期的礼堂侧影

建阳时期的童游文庙校本部

建阳时期的康乐馆

建阳时期童游文庙校本部左侧的奎星楼

建阳时期的学生宿舍

建阳时期的教工宿舍

3. "孤岛"、建阳时期的合影

何炳松校长与学生合影

1938 年，留沪的部分毕业生合影

1944 年，部分学生在校门口合影

1944 年，毕业生合影

1945 年 6 月，暨大中文学会欢送毕业生留影

三、真如、"孤岛"、建阳时期外国语文学系部分学者教授

叶公超（1904—1981），著名外交家、书法家、作家、翻译家。广东番禺人。1918 年在天津南开中学读书。1920 年赴美国麻省赫斯特大学学习，后赴英国。1924 年获剑桥大学文学硕士学位。1926 年回国，出任北京大学英文系讲师。次年参与创办新月书店，并出任国立暨南大学外国语文学系系主任、图书馆馆长。1929 年先后任清华大学和北京大学外文系教授。1938 年任西南联合大学外国文学系主任。1949 年后，先后担任国民政府外交部部长、台湾国民党行政院政务委员兼外交部部长。著有《英国文学中之社会原动力》《叶公超散文集》等。

梁实秋（1903—1987），现当代散文家、文学批评家、翻译家。浙江余杭人。1915 年考入清华学校。1922 年担任《清华周刊》文艺编辑。1923 年赴美国留学，获得哈佛大学文学硕士学位。1926 年回国，先后在国立东南大学、国立暨南大学任教，担任国立暨南大学文学院院长。1928 年与徐志摩等创办《新月》文学月刊。1936 年始翻译莎士比亚戏剧。1946 年担任北京师范大学英文系教授。1949 年担任台湾编译馆馆长、台湾省立师范学院英文系教授兼系主任。散文有《雅舍小品》等，译著有《威尼斯商人》《暴风雨》等，主编《最新实用汉英辞典》《远东英汉大辞典》。

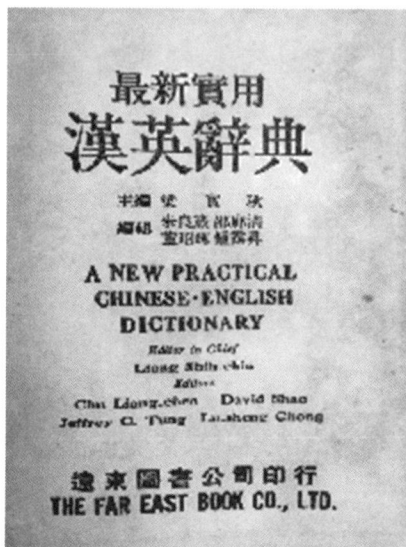

谢六逸（1898—1945），著名作家、翻译家。贵州贵阳人。早年先后就读于贵阳达德学堂高等部、贵阳省立模范中学。1918 年春东渡日本，1919 年入早稻田大学学习。1921 年加入由郑铮铎、沈雁冰发起的文学研究会，投身于中国的新文学运动。1922 年毕业于早稻田大学政治经济科，随即回国，之后在国立暨南大学讲授西洋文学史。1935 年主编上海《立报》副刊《言林》。1944 年担任《中央日报》（贵州版）研究室主任。著有《水沫集》《文坛逸话》《日本文学史》《新闻概论》等。

余上沅（1897—1970），现代戏剧理论家、剧作家、文学翻译家。湖北沙市人。1921 年毕业于北京大学英文系。1923 年留学美国，在卡内基大学戏剧系和哥伦比亚大学攻读硕士学位。1925 年学成回国，次年任上海光华大学、东南大学、国立暨南大学文学教授。著有《中国文学史》《国剧运动》等，译著有《戏剧技巧》《玩偶之家》《光明列车》等。

梁遇春（1906—1932），散文家。福建闽侯人。1924 年进入北京大学英文系学习。1928 年毕业，因成绩优秀，留系担任助教。后赴上海国立暨南大学任教，讲授英国散文，同时任国立暨南大学附属中学高中修辞作文教员。1930 年返回北京大学，在北京大学图书馆工作。1932 年夏因病去世。著有《春醒集》《泪与笑》《梁遇春散文选》。

余楠秋（1897—1968），湖南长沙人。于清华大学毕业后，留学美国伊利诺伊大学，获文学学士学位。1923 年，任私立复旦大学文学院院长，兼西洋文学系系主任。1929 年在上海国立暨南大学外国语文学系任教，讲授英文作文与修辞学。后任复旦大学文学院院长兼外文系和社会学系主任。新中国成立后，仍执教于复旦大学。著有《教员底生活》《法国革命伟人传》等，译有《近代欧洲史》《欧洲近代现代史》《英国史》等作品。

孙石灵（1909—1956），作家。江苏灌云人。1932年就读国立暨南大学外国语文学系。1935年毕业后留校任外国语文学系助教。1939年任《鲁迅风》半月刊编辑。1955年任上海文艺出版社副总编辑。著有小说《捕蝗者》《小立子的悲哀》等，剧本《当他们觉醒的时候》等。

洪深（1894—1955），外国文学家、剧作家。江苏武进人。1912年考入北京清华学校，1916年毕业后赴美国俄亥俄州立大学攻读陶瓷工程。1919年进入哈佛大学学习文学与戏剧，获得硕士学位。1922年回国，1926年后在国立暨南大学外国语文学系任教授，并兼任复旦大学英国文学及戏剧教授。著有《洪深戏剧论文集》《洪深剧作选》《现代戏剧导论》等。

戚叔含（1898—1978），翻译家。浙江上虞人。少时就读于上海南洋公学。弱冠，考入东南大学攻读中国文学。后退学去美国留学，入斯坦福大学文学院，专攻英国文学，研究莎士比亚，后获得硕士学位。1930年担任国立暨南大学文学院院长兼外国语文学系系主任。1942年，暨南大学南迁至福建建阳，偕夫人一起到建阳，参与建校复课事宜。1946年任浙江大学外文系教授，并代理系主任一职。1953年，任复旦大学外文系教授。著有《莎士比亚历史剧》《英国小说》等。

李健吾（1906—1982），戏剧家、作家、翻译家。山西运城人。1930年毕业于清华大学文学院外文系。1931年赴巴黎现代语言专修学校学习，同时研究法国作家福楼拜。1933年回国。1935年任国立暨南大学文学院教授。1954年调往北京，任北京大学文学研究所研究员，主要研究和翻译外国古典文学和戏剧。著有《福楼拜评传》《司汤达研究》等，译著有《福楼拜短篇小说集》《高尔基戏剧集》《包法利夫人》等。

周熙良（1905—1984），文学翻译家、外国文学研究家。安徽东至人。1926 年毕业于上海光华大学化学系，后赴英国留学。1932 年获爱丁堡大学文学硕士学位。1933 年回国。1935 年，任国立暨南大学文学院教授。中华人民共和国成立后，任华东师范大学外语系教授、系主任。精通英语，擅长文学作品与哲学著作的翻译。译著有《福尔赛世家》《刀锋》，主编有《外国文学作品选》等。

钱锺书（1910—1998），作家、文学家和翻译家。江苏无锡人。1929 年考入清华大学外语系。1935 年入英国牛津大学英文系学习，获学士学位。1937 年赴法国巴黎大学研究院进修法国文学，次年回国。1945 年任国立暨南大学外国语文学系教授，后任清华大学外文系教授。1953 年任北京大学文学研究所研究员。1982 年后出任中国社会科学院副院长。1998 年在北京病逝。著有散文集《写在人生边上》，短篇小说集《人·兽·鬼》等，长篇小说《围城》，文学批评巨著《管锥编》《谈艺录》等。

张其春（1913—1967），浙江宁波人。1931 年考入中央大学外文系。1935 年毕业后，任商务印书馆和南京中山文化教育馆特约编辑，并在业余时间从事编译工作。抗战时期，先后任浙江省立台州中学英语教师、浙江大学龙泉分校外语系讲师、国立暨南大学讲师及副教授。1949 年 12 月应召北上，任国务院对外文化联络事务局编译处副处长。1957 年，调入北京编译社，任专职译员。主要译作有《日本人文地理》《学生世界地理》，编撰有《综合英语会话》《翻译之艺术》等。

孙大雨（1905—1997），现代作家、翻译家、莎士比亚研究专家。上海人。1922 年考入清华学校高等科，1925 年毕业赴美国留学，1928 年获美国达德姆斯大学学士学位。1928 年赴耶鲁大学研究生院专攻英国文学。1930 年回国，1945 年任国立暨南大学文学院教授，后移就中央政治学校、复旦大学。中华人民共和国成立后，任复旦大学外文系英国文学教授。译著有《安特里亚·特尔沙多》《麦克白》《风暴》《罗密欧与朱丽叶》等。

施蛰存（1905—2003），现代作家、文学翻译家。浙江杭州人。1923 年考入上海大学。1926 年转入上海震旦大学攻读法语。抗日战争爆发后，先后执教于云南大学、厦门大学、国立暨南大学和光华大学。1947 年回沪后又于国立暨南大学任教。1952 年，调入华东师范大学任教授，2003 年在上海病逝。著有《上元灯》《北山楼诗》等，编译作品有《匈牙利短篇小说集》《波兰短篇小说集》等。

许国璋（1915—1994），语言学家、外语教育家。浙江海宁人。1934 年 6 月毕业于苏州东吴中学。1939 年 9 月毕业于西南联合大学外文系。先后任教于国立暨南大学、上海交通大学和复旦大学等高校。1947 年 12 月赴英国留学，先后就读于伦敦大学、牛津大学。1949 年 10 月回国后在北京外国语学院任教。著有《许国璋论语言》等，主编有《许国璋英语》等。

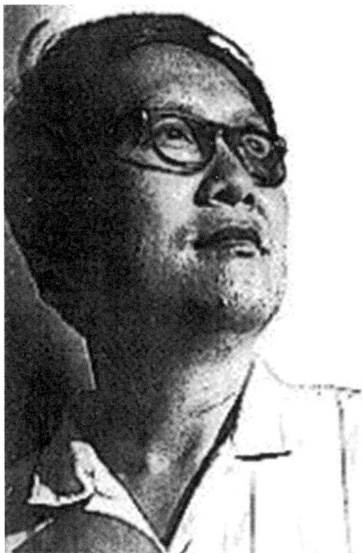

曹未风（1911—1963），莎士比亚作品翻译家。浙江嘉兴人。1945 年起，先后任教于国立暨南大学、光华大学，长期从事外国文学翻译。1949 年后，历任华东军政委员会教育部高教处副处长、上海市高等教育管理局教学处处长、上海高等教育局副局长和上海外文学会副会长。译有《罗米欧与朱丽叶》《哈姆莱特》《奥赛罗》《仲夏夜之梦》《威尼斯商人》等作品。

顾仲彝（1903—1965），文学家、莎士比亚研究专家。浙江余姚人。1923 年毕业于国立东南大学文学院。1927 年，任国立暨南大学讲师、教授。编著剧本《生财有道》等，译著剧本《英美独幕剧选》，小说集《人生小讽刺》《乐园之死》等。

陈麟瑞（1905—1969），浙江绍兴人。1928 年毕业于北京清华学校，先后留学美国、英国、法国、德国，选读英美文学及戏剧研究。1933 年回国后任国立暨南大学外国语文学系教授。1963 年任全国政协第四届委员会委员，著有剧本《职业妇女》《晚宴》《雁来江》等。

袁文彰 外国语文学系教授

胡其炳 外国语文学系教授

中篇
广州重建与复办时期
（1958—1970，1978—2000）

1958 年暨南大学在广州重建。各系科专业也由此历经了三次变革。1958 年 2 月，暨南大学筹备委员会正式成立，前后四次重要会议的召开见证了外语系最初的创办与成长。筹建初期，暨南大学共开设 5 个系 11 个本科专业，其中外国语中的外国文学课程教学被首次列入中国语言文学系的教学计划。1960 年 3 月，暨南大学携手中山大学、中山医学院、华南师范学院等 9 所兄弟院校共同召开教学经验交流会，其中暨南大学俄语教研室在会上介绍了采用大量阅读教学方法的初步经验，深入教学第一线，科研成果获得肯定，一系列外语教学科研活动为暨南大学外语系的建立奠定了夯实的基础；此后，为适应海外学子的特点和日后发展，暨南大学于 1962 年成立外语系，准备开设英国语言专业，外语系由此步入了正轨。至 1965 年秋季，暨南大学已发展成为一所文理并重、初具规模的综合性大学，由重建初期的 5 个系增至 9 个系和 2 个专门组，外国语也由最初的基础教学课程发展成为独立的外国语言文学系（英国语言文学专业）。

"文革"开始不久后，暨南大学校园被占，3000 余师生颠沛流离，9 大科系散落各家，外语系被合并至广州外语学院（现广东外语外贸大学）。1970 年 3 月 5 日，省革委会宣布撤销暨南大学。

"文革"过后，1978 年，暨南大学在广州复办。复办初期，学校对系科专业设置及院系进行了调整，设立了文学院，外语系隶属其中。詹伯慧教授出任文学院院长，谭时霖教授任副院长。当时的外语系设有英语语言文学、日语以及行政秘书专业。任教教师包括著名学者曾昭科、翁显良、张鸾铃、谭时霖、黄均、黄锡祥等教授。1979 年，外语系英语语言文学专业获批硕士学位授予权并招收第一批硕士研究生。外语系教师为教学和科研不断努力，积极编写教材，出版翻译作品，发表学术论文。其中翁显良教授所著《英语语音概要》在 1982 年被评为"哲学社会科学优秀普及读物二等奖"；黄均教授论文《综合使用录像，语言实验室及电脑辅助英语教学》荣获国家教委"1989 年全国普通高校优秀教学成果奖"。外语系的全体教师兢兢业业，无私奉献，全身心地投入于外语教学和人才培养，为社会培养了一届又一届优秀的人才。进入 20 世纪 90 年代，随着学校"211 重点工程大学"的创建，外语系的办学条件不断改善，具备了更大的发展空间。

一、重要庆典活动

1958 年 9 月 24 日上午，暨南大学庆祝建校（重建）暨开学典礼大会

中共广东省委员会第一书记陶铸同志在庆祝建校
暨开学典礼大会上讲话

1978 年，暨南大学复办首届开学典礼

建校八十周年庆典大会

建校八十五周年庆典大会

二、校园景观

暨南大学总体规划模型，中央部分为教学大楼，右上角为教工住宅区，左上角为学生宿舍

校门

学校礼堂

教学大楼

蒙古包（学生膳堂），1961 年建，次年投入使用。1989 年因建体育馆而被拆除

新建学生膳堂

田径运动场

文学院教学楼

学术报告厅、学生校友活动中心

学校办公楼

图书馆开架书库

20 世纪 80 年代图书馆编目室一隅

教工宿舍

青年教师宿舍楼

学生宿舍

外国专家宿舍

三、外语系领导及教授

曾昭科（1923—2014），香港华仁英文书院肄业。1947年毕业于日本京都帝国大学经济学部，同年回香港并加入皇家香港警察，曾任皇家香港警务处华籍总警司、香港警官学校副校长。1961年10月返回内地，先后出任暨南大学外语系教授、系主任，暨南大学顾问，广州外国语学院教授，广东外语外贸大学董事会名誉主席，同时担任广东省法学会、广东省外语学会副会长。曾当选全国政协委员、全国人大代表，1984年至2001年任第六、第七、第八、第九届广东省人民代表大会常务委员会副主任。

翁显良（1924—1983），祖籍广东顺德，生于香港。先后担任《德臣西报》（*China Mail*）和《虎报》（*Hong Kong Standard*）记者。1962年调至暨南大学任教，曾任暨南大学英语教授、外语系副主任，兼任《世界文艺》期刊主编。主要著作有《英语语音概要》（1979）、《英语语音教程》（1984），在《翻译通讯》（现《中国翻译》）等期刊上发表十多篇关于翻译理论和实践的论文。

张鸾铃（1915—1996），1958年暨南大学重建时期调入外语系，曾担任公共英语教研室主任及专业英语教研室副主任。暨南大学复办时期，负责联合国文件、政府部门与学校外宣材料翻译，技术资料翻译等工作。著有《实用英汉翻译技巧》等。

谭时霖（1934—　），生于南京，北京大学西语系教授，其母亲是德国人。先后在重庆市友谊学校、上海市圣芳济书院和北京外国语学院接受教育，精通德、法、英3种外语。暨南大学复办后，担任暨南大学外语系系主任及文学院副院长。他译注的《陶渊明诗文英译》（*The Complete Works of TAO YUANMING*）是我国迄今唯一一部由国内学者独立完成的陶渊明全集英译书。

黄　星（1923—　）出生于香港，1945 年毕业于中山大学文学系。曾任广州培正中学英语教师，香港《中国文摘》翻译，并任职于广州沙面外事处和北京外交部新闻司。1963 年至 1977 年，任北京外交学院英语教师。1977 年至 1978 年，任广州外国语学院英语副教授，讲授英国文学。1978 年调入暨南大学任英语教授，讲授英诗和英国文学。1986 年离休后受美国科学院的邀请，作为访问学者与丈夫李肇新一起，在美国 11 所大学讲授英诗和英国文学。出版的书有 *China Bound*（贵州出版社出版）和 *China Bound and China Unbound*（香港大学出版社出版）。

黄　均（1933—　），英语教授。1954 年毕业于北京大学西语系。1964 年起，任暨南大学外语系教师；1975 年在国内率先使用语言实验室训练口译；1985 年在国内首先使用电脑辅助大学英语教学；1987 年应邀赴英国、中国香港等国家和地区多所大学访问和讲学，积极组织和推广多媒体辅助英语教学。1995 年退休后，仍致力于人工智能启发式英语教学软件的研发。1999 年出版《唐宋传奇》英译本。

黄锡祥（1938—　），广东顺德人。1962 年毕业于中山大学西方语言文学系。1965 年 10 月入职暨南大学外语系，历任讲师、副教授、教授。1984 年至 1998 年，任高级职称专家小组评审委员、副组长。1993 年至 1994 年，在美国威斯康星州做访问学者，开设"中国文化与文明"等课程。主要译著有《拿破仑一世传》《劳伦斯诗选》《当代美国短篇小说选读》《评〈美国文学精要〉》《评美国诗人 E. A. 罗宾逊》。曾获 1983 年"广东社会科学联合会优秀科研成果奖"。其事迹于 1994 年入编《中国专家大辞典》（广东卷）。

戴伟华（1940—　），生于马来西亚柔佛州新山市，祖籍广东省梅州市蕉岭县。1956 年从新加坡归国，先就读于北京潞河中学，后毕业于北京外国语大学英语系。1978 年由广东外语外贸大学调入暨南大学外语系。1982 年由教育部公派赴澳大利亚悉尼大学进修研习两年，获悉尼大学"作为外语的英语教学"文凭（diP/TEFL）。1986 年晋升为副教授；1988 年任硕士研究生导师；1993 年晋升为教授。1989 年至 1992 年任外语系副主任、代主任；1993 年至 1997 年任外语系主任。2001 年被评为"教书育人优秀教师"。译著有《中西文学戏剧比较文集》（合译）等，编撰《粤英简明辞典》，参与编写文化旅游系列丛书之《英国旅游》《日本旅游》《法国旅游》《马来西亚槟城旅游》等。

梁栋华（1944—2014），上海人。1961 年考入北京外国语学院英语本科，1966 年毕业。1968 年 7 月分配至暨南大学外贸系。1970 年暨南大学停办，到广州外语学院工作。1975 年调至广州外贸学院。1978 年暨南大学复办，考取该校第一届英语语言文学硕士研究生，师从曾昭科、翁显良等教授。毕业后一直在暨南大学工作。1991 年 8 月至 1992 年 6 月，作为访问学者赴美国威斯康星大学讲授"中国文化与文明"课程。历任系副主任、系主任、外国语学院院长。1987 年被评为副教授，1994 年晋升为教授。专业研究方向为英语口、笔头翻译实践和英语教学。著有《英语一日一形容词》《英语形容词搭配手册》等，同时发表论文、译文数十篇。

林少华（1952—　），日语教授。1993 年毕业于吉林大学日语系，后在暨南大学外语系执教。1999 年调往青岛海洋大学，现为中国海洋大学日语系教授。因译日本著名作家村上春树的作品而为广大读者熟悉，此后陆续翻译 32 卷村上春树文集及夏目漱石、芥川龙之介、川端康成等名家作品。

四、师生合影集

1963 年秋，陈序经校长等学校党政领导探望在南海县平洲公社劳动锻炼的外语系师生（后排右三为曾昭科）

外语系主任曾昭科教授（右）与副主任翁显良教授（中）、外语系党组织负责人钟业坤（左）合影

曾昭科教授（左一）会见并宴请回校校友

曾昭科教授与翁显良教授合影

20 世纪 80 年代初，外语系教师合影

78 级学生与翁显良教授、张金轩老师、谈香绮老师合影

张鸾铃教授和 78 级女生们合影

在香港工作的外语系毕业生与黄星教授合影

78 级师生与当时语音室和资料室老师陈翠芬、温增华、胡斯达等合影

1986 年暨南大学 80 周年校庆外语系师生合影

1987 年 5 月，学生课后与黄锡祥教授合影

84 级日语系学生入学时在图书馆前合影，当时图书馆刚建好，学生们帮忙擦书架和窗户

84 级日语系学生欢送林少华老师赴日本学习

1988 年，建校时期教师与 62 级学生合影

1991 年 5 月 11 日，毕业 22 年后的 65 级学生首次重返母校，与在广州的老师们相聚

65 级学生回校时正值曾昭科教授 68 岁寿辰，
学生赠送金牌道贺

教师拜访谭时霖教授

80 级学生与教师合影

81 级学生与外教合影

81 级学生与教师合影

1996 年，外语系第一批研究生探访母校时与教师合影

81 级学生合影

82 级学生合影

83 级日语系学生合影

94 级日语系学生合影

学生在学校大门前合照

学生会同学合照

五、教学活动

翁显良教授给学生授课

黄均教授与广东省各高校教师交流 CAI 软件

语音室上课情形 1

语音室上课情形 2

语言实验室上课情形

教师整理资料室书籍

学生在资料室自主学习

学生在走廊上学习

毕业生答辩

六、文体活动

1983 年，参加暨南之秋合唱晚会的外语系学生及获奖者合影

学生庆祝圣诞及新年

81 级学生毕业晚会

86 级毕业生欢送晚会

学生进行篮球比赛

学生排球比赛合影

学生足球比赛获奖球队队员合影

学生进行象棋比赛

学生进行自行车比赛

外语系运动会队伍

教师活动合影

学生外出活动合影

七、毕业生留影

暨南大学复办首届 78 级外语系毕业生留影

79 级外语系全体毕业生留影

80 级外语系全体毕业生留影

81 级外语系全体毕业生留影

83 级外语系第一届中英文秘书专业毕业生留影

88 级英语 A 班毕业生留影

90 级外语系毕业生留影

91 级外语系毕业生留影

98 级英语专业毕业生留影

下篇
外国语学院成立至今
（2001—　　）

2001 年 5 月，暨南大学在原外语系和大学英语教学中心的基础上了组建外国语学院。如今，暨南大学外国语言文学学科已经走过了 90 多年的办学历程，历代暨南外语学人始终秉承"忠信笃敬"之校训，不断努力进取、改革创新、发展进步，已将暨南外语学科打造成了我国重要的外国语言教学和研究基地之一，为学校新百年征程的高水平大学建设、为国家培养高素质的外语专业人才做出了应有的贡献。

如今，外国语学院已拥有教职员工 160 余人（包括外籍教师），其中教授 15 人，副教授 50 人，讲师 69 人；博士生导师 5 人，硕士生导师 50 余人。学院教师中获博士学位者 60 余人。现有英语系、商务英语系、日语系、法语系和大学英语部 5 个教学单位；有外国文学、语言学、跨文化与翻译、日本语言文化及外语教学等 5 个专门的研究所。同时拥有外国语言文学硕士学位一级学科授权点（含英语语言文学、外国语言学及应用语言学、日语语言文学和法语语言文学 4 个二级学科）和翻译硕士（MTI）专业学位授权点。近 3 年来，学院教师获批国家社科基金项目 15 项，教育部及广东省社科规划项目 20 余项。

建院以来，学院始终致力于深化教学改革、强化教学管理、不断提高教学质量；形成了专业明晰、文化多元、基础坚实的人才培养机制；充分利用和发挥综合性大学学科齐全的优势，使学生具有扎实的外语基本功、合理的知识结构和较全面的综合素质。暨南大学外国语学院毕业生基础扎实，潜力大，后劲足，就业形势良好，能够胜任经济、管理、新闻、出版、教育等多个行业的工作。

此外，学院与海内外众多著名高校的相关系科建立了广泛深入的合作和交流，举办了数十场有影响力的高水平国际国内学术会议。每年都有大批师生出国交流访问，参加学术会议，留学深造。教师的学术研究立足中国，面向世界，并且随着国际化办学的日益深入，教师的学术交流也日益频繁。当前，我们迎来了国家"一带一路"倡议和"双一流"高校建设双机遇，暨南大学外国语学院将在办学体制、学科建设、教学科研、人才培养、服务社会五方面继续努力，为创建高水平的国际化一流外国语言文学学科而奋斗！

一、学院架构

1. 各届领导班子

	2001—2004	2005—2007	2007—2011	2011—2015	2015 年至今
院长	梁栋华		卢　植	宫　齐	宫　齐
党委书记	王心洁	骆泽松	骆泽松	骆泽松、古伟芳	古伟芳
副院长	区伟光 / 章恒珍	卢植（主持工作） / 王琢	王琢 / 宫齐	王琢 / 蒲若茜	程倩 / 廖开洪
党委副书记	李伟书	罗　飞		饶　红	饶　红

2. 学院教学单位和研究机构

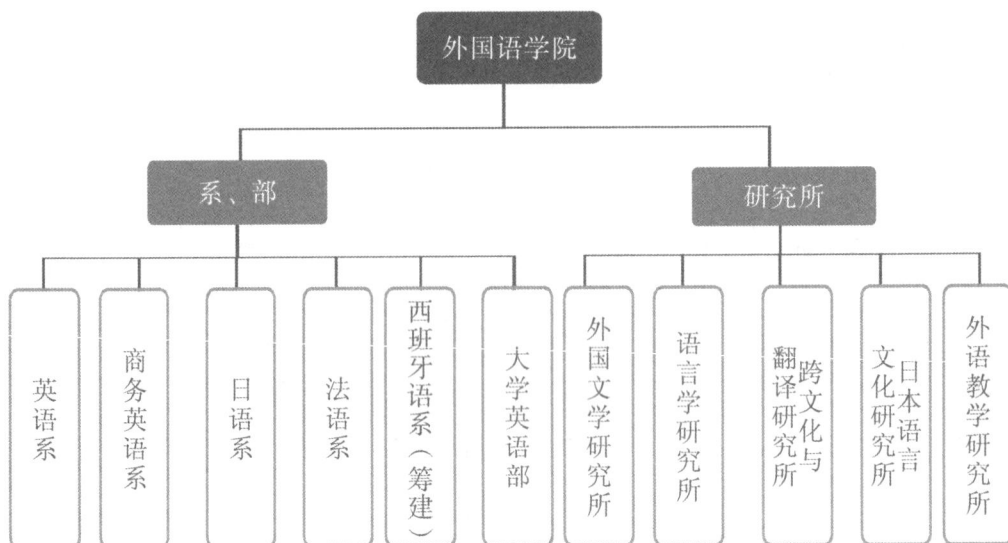

外国语学院

系、部

研究所

英语系

商务英语系

日语系

法语系

西班牙语系（筹建）

大学英语部

外国文学研究所

语言学研究所

跨文化与翻译研究所

日本语言文化研究所

外语教学研究所

3. 教学单位

英语系
（系主任：汤琼　副系主任：朱红强）

商务英语系
（系主任：梁瑞清　副系主任：李海辉）

日语系

（系主任：罗晓红　副系主任：王宝锋）

法语系

（系主任：马利红）

大学英语教学部
（系主任：胡慕辉 副系主任：王东、彭帆）

二、师资队伍

1. 讲座教授

孙艺风　　　　　　　　乔国强

王　宁

2. 客座教授

Henning J. Bergenholtz

Douglas Brodie

Dafydd Gibbon

黄桂友

凌津奇

Sven Tarp

3. 教授

程　倩　　　　　　宫　齐　　　　　　黄晞耘

黄若妤　　　　　　康燕彬　　　　　　梁瑞清

廖开洪　　　　　　　罗家如　　　　　　　蒲若茜

王　琢　　　　　　　詹　乔　　　　　　　张洪岩

赵　君　　　　　　　朱桃香

三、科研成果

1. 学术期刊

《暨南外语论丛》第一辑（创刊号）于 2013 年 8 月由（北京）外语教学与研究出版社出版发行，主编宫齐，副主编王琢、王心洁、蒲若茜

《暨南外语论丛》于 2017 年改版为《外语论丛》，该刊由四个部分组成，分别为翻译研究、外国文学研究、语言学与外语教学和书评，由（北京）外语教学与研究出版社发行，主编宫齐，副主编蒲若茜、王琢

2. 译著

《美国史》第一卷至第四卷，乔治·布朗·廷德尔（美）、大卫·埃默里·施（美）著，宫齐等译

《俄罗斯史》，杰弗里·霍斯金（英）著，李国庆等译

《世界通史》（第四版），霍华德·
斯波德（美）著，吴金平、潮龙起、何
立群等译

《找麻烦是我的职业》，雷蒙德·钱德勒（美）著，蒲若茜等译
《自作聪明的杀手》，雷蒙德·钱德勒（美）著，梁瑞清等译
《勒索者不开枪》，雷蒙德·钱德勒（美）著，程倩等译

《小心你许的愿望》，杰弗里·阿切尔（美）著，黄若妤、辜常颖、张亚茹、雷朋朋译

《时间会证明一切》，杰弗里·阿切尔（美）著，黄若妤、刘贞珠、曹欣译

《邂逅哲学的 101 种可能》，马丁·科恩（英）著，陈龙、范婷亭译

《莱文沃思案》，安娜·凯瑟琳·格林（美）著，麦晓昕、黄斯敏译

《牛虻》，艾捷尔·丽莲·伏尼契（爱尔兰）著，汤琼译

《叙述学词典》（修订版），杰拉德·普林斯（美）著，乔国强、李孝弟译

《纺织史》，Jennifer Harris 主编，李国庆、孙韵雪、宋燕青、张若溪译

《启蒙的精神》，维茨坦·托多罗夫（法）著，马利红译

《海外华侨华人研究译丛》编译委员会

主任委员：曹云华　宫　齐

编　　委：（以下按音序排列）

潮龙起　陈奕平　高伟浓　胡慕辉　李国庆

李明欢　李知宇　刘　宏　蒲若茜　钱　江

任　娜　张小欣　张振江

《广东与离散华人：侨乡景观的嬗变》，游俊豪（马来西亚）著，卢婷、谢文君、刘燕玲译

《芝加哥的华人：1870年以来的种族、跨国移民和社区》，令狐萍（美）著，何家伟、令狐萍（美）、顾玉芳译

《亚裔美国人：历史与文化百科（上）》，令狐萍（美）著，余蕊利、廖艺等译

《亚裔美国人：历史与文化百科（下）》，令狐萍（美）著，周佩红、夏伟凡等译

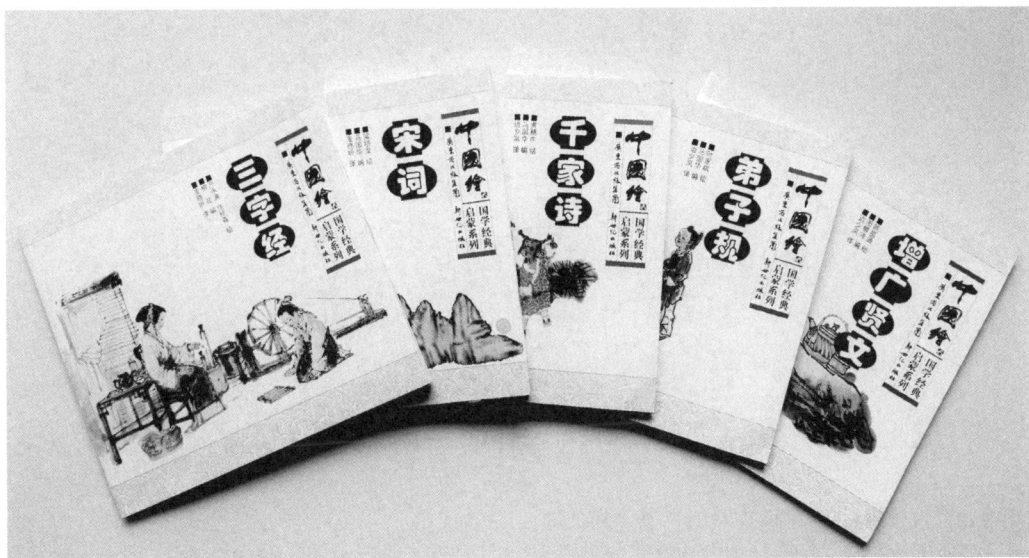

《中国绘·国学经典启蒙系列：三字经》，严永满等绘，麦晓昕译

《中国绘·国学经典启蒙系列：宋词》，梁培龙绘，麦晓昕译

《中国绘·国学经典启蒙系列：千家诗》，黄穗中绘，边少岚译

《中国绘·国学经典启蒙系列：弟子规》，叶家斌绘，边少岚译

《中国绘·国学经典启蒙系列：增广贤文》，陈挺通绘，边少岚译

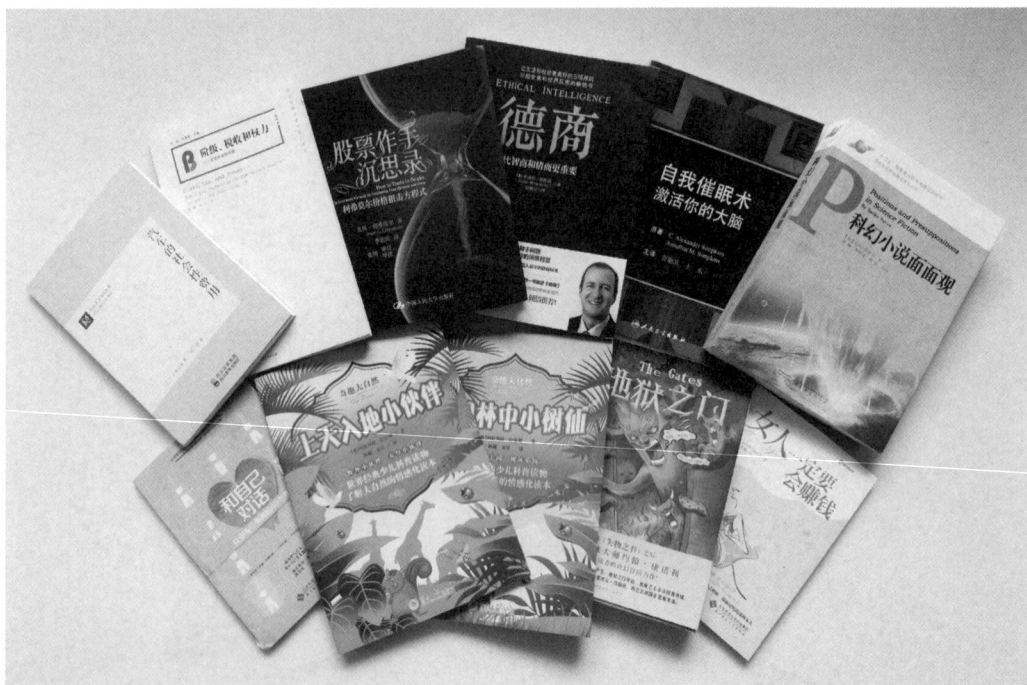

《汽车的社会性费用》，宇泽弘文（日）著，郑剑译

《阶级、税收和权力——美国的城市预算》，爱伦·S. 鲁宾（美）著，林琳、郭韵译

《股票作手沉思录——利弗莫尔价格狙击方程式》，杰西·利弗莫尔（美）著，李祐兴译

《德商：比智商和情商更重要》，布鲁斯·温斯坦（美）著，陆麒雨译

《自我催眠术激活你的大脑》，C. Alexander Simpkins（美），Annellen M. Simpkins（美）著，贾艳滨、王东译

《科幻小说面面观》，达科·苏恩文（加）著，郝琳、李庆涛、程佳等译

《和自己对话：让你身心俱美的 40 个方法》，滕井美弥（日）著，高玉芬译

《上天入地小伙伴》，阿拉贝拉·巴克利（英）著，陈曦、夏星译

《庭园林中小树仙》，阿拉贝拉·巴克利（英）著，陈曦、夏星译

《地狱之门》，约翰·康诺利（爱尔兰）著，李慧、蒋万青、刘雅彬译

《女人一定要会赚钱》，秋山由佳里（日）著，黎燕译

《网络战：信息空间攻防历史、案例与未来》，安德鲁·鲁夫（美）、亚娜·沙克瑞德（美）、保罗·沙克瑞德（美）著，吴奕俊等译

《大国与将军》，托马斯·E. 里克斯（美）著，吴奕俊、孙文峰译

《欲惑》，米奇·梅尔森（美）、萝瑞·艾胥娜（美）著，陈丽丽、吴奕俊译

《〈星球大战〉里的科学》，珍妮·卡维洛斯（美）著，周思颖、曹烨、吴奕俊译

《一本书读懂趋势投资》，托马斯·H. 齐（英）著，吴奕俊译

《习惯的力量》，查尔斯·都希格（美）著，吴奕俊、陈丽丽、曹烨译

《苍穹浩瀚I：利维坦觉醒（上、下）》，詹姆斯·S. A. 科里（美）著，吴奕俊译

《宽容》，亨德里克·威廉·房龙（美）著，吴奕俊、陈丽丽译

《角落里的老人》，奥希兹女男爵（英）著，吴奕俊、唐婷译

《房客》，玛丽·贝洛克（英）著，吴奕俊、严旨昱译

《巴黎，巴黎》，大卫·唐尼（美）著，陈丽丽、吴奕俊译

《一头想要被吃掉的猪》，朱利安·巴吉尼（英）著，吴奕俊译

3. 辞书

《ENCARTA 英汉双解大词典》于 2010 年由世界图书出版公司出版，宫齐教授任总译审，林书武、李中和研究员任总译校。

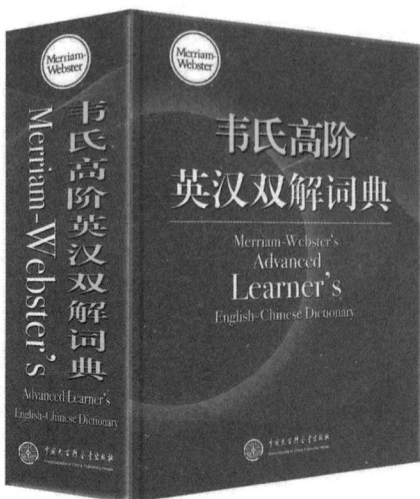

《韦氏高阶英汉双解词典》于 2017 年由中国大百科全书出版社出版，宫齐教授等任特约审校，施佳胜教授等翻译。

4. 专著

《法国副文学学派研究》，马利红著
《英国文学选读》，蒲若茜、肖淳端、董秋芳编著
《多元异质的文学再现》，蒲若茜著
《族裔经验与文化想象》，蒲若茜著
《咖啡的芳香：语言、经验与意义》，梁瑞清著
《〈文明论概略〉研究》，陈凤川著

《新历史主义文化诗学：格林布拉特批评理论研究》，王进著

《基于语料库的汉英语义基元的语义韵对比研究》，卢植著

《应用语言学导论》，卢植编著

《中国学生英语交际中的词汇策略》，陈龙著

《英语词汇学》，陈龙编著

《翻译研究之哲学启示录》，朱湘军著

5. 教材

《新编综合英语》，蒲若茜主编

《语法与写作》，朱湘军主编

6. 暨南外语博士文库

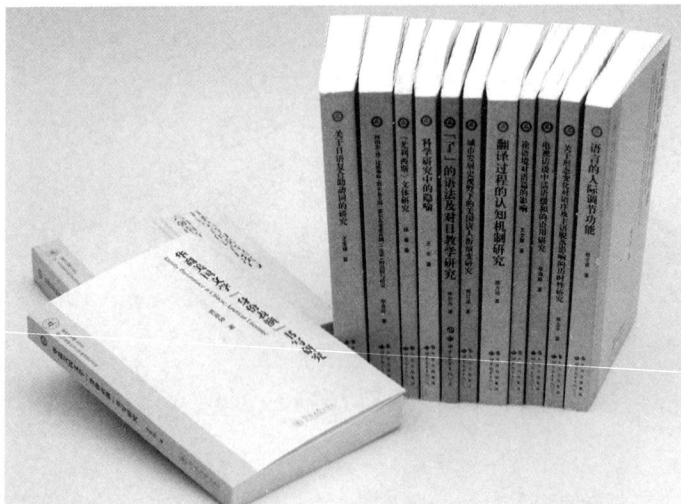

《阿朗索・德・比耶加斯・塞尔瓦戈的〈塞尔瓦希亚喜剧〉1554 的出版与研究》，李亦玲著

《论语境对语篇的影响》，王全智著

《电视访谈中话语缓和的语用研究》，李海辉著

《华裔美国文学"身份表演"书写研究》，许双如著

《〈尤利西斯〉文体研究》，张春著

《日译吴音的读音层次与六朝南音》，李香著

《关于形态变化对语序及主语脱落影响的历时性研究》，张立平著

《后现代转型时期博科夫小说美学思想研究》，赵君著

《电视访谈中话语缓和的语用研究》，李海辉著

《城市发展史视野下的美国唐人街演变研究》，杨红波著

《关于日语复合助动词的研究》，王宝锋著

《科学研究中的隐喻》，王东著

《语言的人际调节功能：系统功能语言学对汉语的适用性研究》，杨才英著

《翻译过程的认知机制研究》，颜方明著

《"了"的语法及对外教学研究》，欧阳丹著

《大学生英语机切口语语块的元话语特征探究》，林维燕著

《吴桥杂技与艺术研究》，木之下章子（日）著

《电视新闻主播话语中的立场与评价》，朱红强著

7. 期刊论文发表

（1）学院教师发表论文的部分 SSCI 和 A&HCI 国际期刊。

（2）学院教师发表论文的部分国内权威期刊。

8.（2016—2018） 国家级社科基金立项项目列表

立项时间	立项数量（项）
2016 年	4
2017 年	8
2018 年	4

9.（2016—2018） 省级以上部分质量工程项目列表

立项时间	立项数量（项）
2016 年	6
2017 年	4
2018 年	1

四、教学情况和教学成果

1. 实习基地建设

2012 年 12 月 4 日，传神（中国）网络科技有限公司暨南大学翻译教学实训基地揭牌仪式隆重举行

2013 年 1 月 14 日，中国外文局、中国翻译协会 TICAT 广州分部暨暨南大学实训基地挂牌仪式隆重举行

2014年6月20日，暨南大学外国语学院和广州语言桥信息科技有限公司共建的 MTI 翻译实习与实训基地揭牌仪式隆重举行

暨南大学外国语学院院长等访问广东汇富控股集团有限公司

2015年11月6日，暨南大学外国语学院与环球网共建国际文化创意人才培养基地揭牌仪式隆重举行

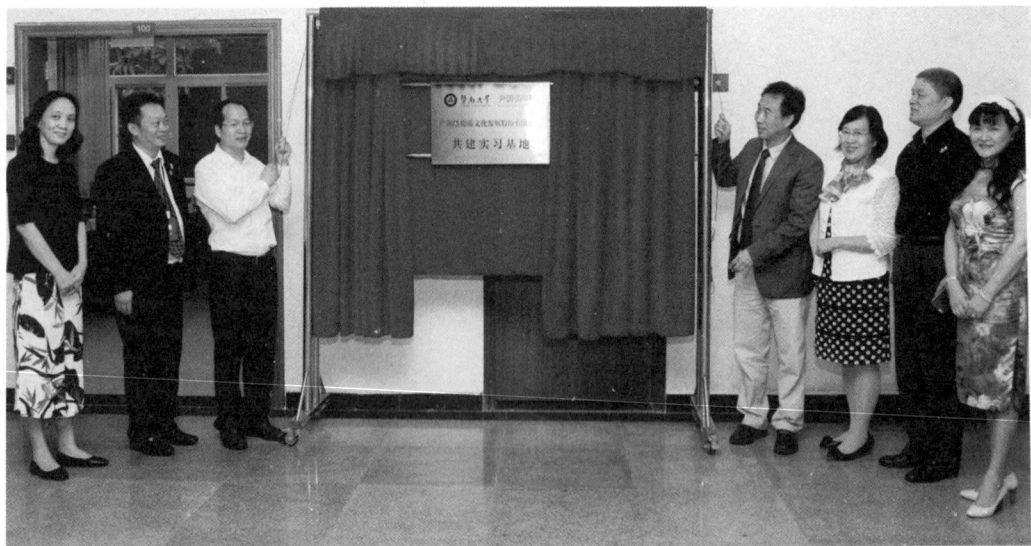

2017 年 7 月 7 日，暨南大学外国语学院与广州塔旅游文化发展股份有限公司共建的实习基地正式成立

2. 学生实习

2015—2017 年，外国语学院组织学生参加广交会实习

2016 年 12 月 5 日至 8 日，英语系 2013 级学生前往广州市外办实习

2017 年 11 月，外国语学院学生前往第 14 届国际金融论坛（IFF）全球年会实习

2017 年 12 月，外国语学院学生前往广州《财富》全球论坛实习

2018 年 12 月，外国语学院学生前往广州市外办实习，参加全球市长论坛暨第四届广州国际城市创新奖 2018 广州国际城市创新大会

五、国内外学术交流

1. 敦聘国内外著名学者

2014 年 7 月 4 日，黄桂友教授敦聘仪式

2014 年 7 月 2 日，外国语学院敦聘著名语言学家、丹麦奥胡
斯大学荣誉教授 Henning J. Bergenholtz 为学院客座教授

2015 年 12 月 5 日，外国语学院敦聘教育部"长江学者"特聘教授王杰、乔国强为暨南大学兼职教授

2015 年 9 月 23 日，外国语学院敦聘 Rita Dove 教授为暨南大学荣誉教授

2016 年 11 月 15 日，外国语学院敦聘 Dafydd Gibbon 教授为客座教授

2. 出访与交流

与西班牙马德里大学文学院院长进行交流

与法国里昂大学文学院院长进行交流

与英国斯特林大学研究生院院长进行交流

与英国斯特林大学文学院院长进行交流

在日本上智大学进行学术交流（右为该校校长）

日本东京经济大学副校长福士正博一行莅临外国语学院

访问高雄师范大学

访问台湾清华大学

访问中原大学

访问台湾政治大学

与墨尔本大学文学院院长进行学术交流

与麦克文大学进行学术交流

美国路易斯安纳州州立大学亚历山大分校校长黄桂友教授来访

访问巴黎第七大学

3. 联合办学

2015 年 6 月 16 日，迪肯大学校方来访

2016 年 3 月 18 日，迪肯大学校方来访

2015 年 9 月 19 日，思克莱德大学校方来访

2018 年 12 月 5 日，法国法语联盟基金会与暨南大学签署合作协议

4. 莅校做学术讲座的专家教授

著名语言学家、北京外国语大学顾曰国教授

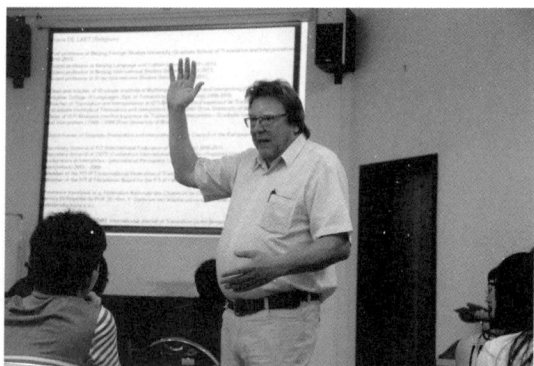

比利时著名学者 Frans De Laet 教授

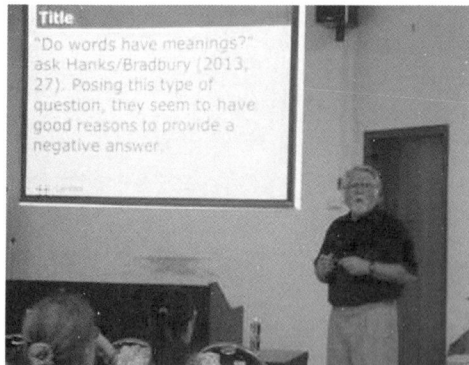

丹麦著名语言学家、词典学家 Henning J. Bergenholtz 教授

中山大学黄国文教授

全国 MTI 教指委主任委员、全国翻译资格
（水平）考试英语专家委员会主任黄友义教授

上海外国语大学高级翻译学院、暨南大学
兼职教授谢天振

香港城市大学中文、翻译及语言学系博士
生导师潘海华教授

丹麦奥胡斯大学 Sven Tarp 教授

美国桂冠诗人、普利策文学奖获得者、弗吉尼亚大学 Rita Dove 教授

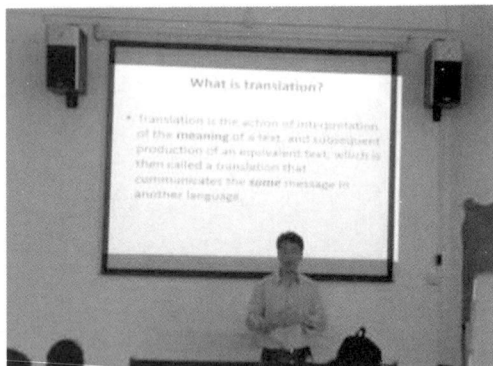

香港岭南大学文学院院长、人文学科研究中心主任孙艺风教授

国际著名翻译理论家、香港浸会大学文学院院长 Douglas Robinson 教授

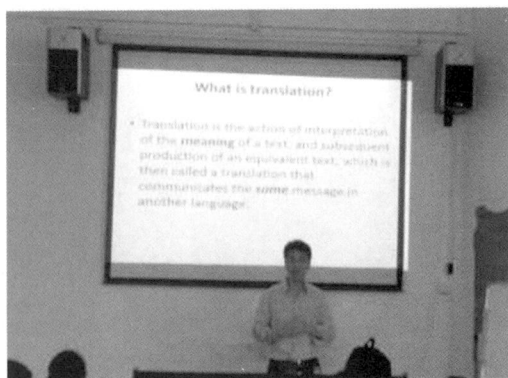

文学伦理学批评创立者、《外国文学研究》主编聂珍钊教授

北京外国语大学王克非教授

上海外国语大学原校长戴炜栋教授

教育部"长江学者"特聘教授、上海外国语大学博士生导师、暨南大学特聘讲座教授乔国强

中国社会科学院文学研究所研究员、《文学评论》主编陆建德教授

清华大学"长江学者"特聘教授、欧洲科学院外籍院士王宁

著名语言学家、法国国家科研中心语音所终身名誉所长 Daniel Hirst 教授

著名语言学家、英国爱丁堡大学 Robert Lodd 教授

中国人民大学教授、学术委员会副主任、国务院学位委员会学科评议组成员、国家社科基金专家组成员杨慧林

5. 会议

（1）国际会议。

2011 年 11 月 24—28 日，当代外国文学学术研讨会顺利举行

2012 年 5 月 11 日，英语教学国际研讨会由暨南大学外国语学院主办

2012 年英语教学国际研讨会

中国外国文学学会英语文学研究分会第二届专题研讨会合影
广州 暨南大学 2012.11.17-18 日

2012 年 11 月 17—18 日，中国外国文学学会英语文学研究分会第二届专题研讨会成功举办

2013 年，"他者认识"与日语教育·日本研究国际学术研讨会在暨南大学隆重召开

2014 年 6 月 28 日，中国首届翻译学术期刊暨翻译国际研讨会在暨南大学曾宪梓科学馆隆重开幕

2015 年 12 月 26—27 日，"全球化时代的日语教育·日本学研究"国际学术研讨会在暨南大学隆重举行

2016 年 1 月 8—9 日，"3A" 国际英语教学研讨会成功举办

2016 年"3A"国际英语教学研讨会

2016 年 12 月 17 日，文学伦理学批评与世界文学研究高端论坛隆重召开

二语习得与外语教学国际研讨会

广州·暨南大学 2019年1月5日

2019 年 1 月 5 日，二语习得与外语教学国际研讨会隆重召开

二语习得与外语教学国际研讨会

（2）学院教学科研会议。

外国语学院教学科研会议

（3）外语类教学研讨会。

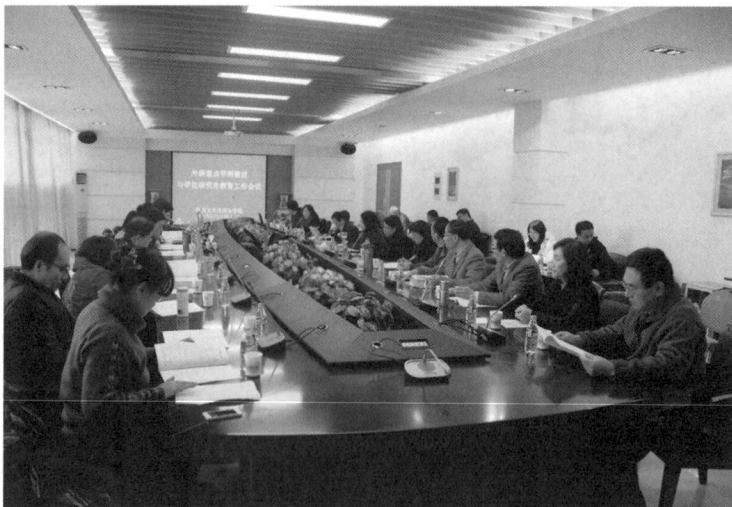

2013 年 12 月 29 日，召开外语重点学科建设与学位研究生教育工作会议

2015 年 6 月 30 日，召开广东省外语类专业教学指导委员会英语分委会主任委员会议

广东省本科高校外语类专业教学指导委员会2016年年会暨全省外国语学院院长(系主任)联席会合影留念

2016年11月19日

2016 年 11 月 18—20 日，举行广东省本科高校外语类专业教学指导委员会 2016 年年会暨全省外国语学院院长（系主任）联席会

（4）翻译研究高端人才培养基地研讨会。

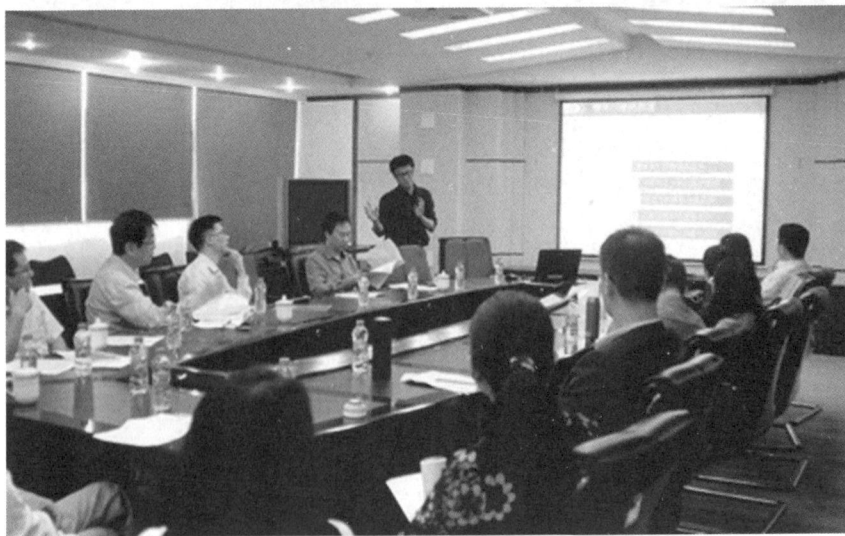

2014—2017 年，暨南大学外国语学院共举办了十届翻译研究高端人才培养基地研讨会

六、学院活动

1. 教师活动

（1）文艺活动。

历届外国语学院教职工新年晚会剪影

2019 年外国语学院教职工新年晚会剪影

（2）体育活动。

外国语学院教职工运动会

外国语学院教职工参加暨南大学环校跑活动

（3）教工之家。

2015 年 12 月 21 日，外国语学院举行教工之家揭牌仪式

法国时尚文化点染教工之家

教职工在教工之家体验日本茶道

教工之家举办人像摄影技术培训与交流分享会

工会代表看望黄星教授

工会代表看望谭时霖教授

叶勤书记参加"心晴工作坊"揭牌仪式

2013 年 11 月 22 日，外国语学院成立"心晴工作坊"

2. 校友活动

　　2014 年 5 月 15 日，52 名 64 级老校友不远千里从美国、澳大利亚、印度尼西亚、中国香港、中国澳门等地如约归来，和昔日的老师欢聚一堂，纪念入学 50 周年

2014 年 8 月 23 日，外国语学院 62 级至 65 级的老校友在香港重聚

2015 年 6 月 13 日，外国语学院 65 级校友在母校相聚，庆贺入校 50 周年

外国语学院 79 级、89 级、99 级校友返校，庆祝暨南大学 107 周年华诞

外国语学院 80 级、90 级校友返校，庆祝暨南大学 108 周年华诞

外国语学院校友返校，庆祝暨南大学 109 周年华诞

外国语学院 60 年代校友返校，庆祝暨南大学 110 周年华诞

2017 年 9 月，外国语学院 97 级英语专业（语言文学方向）的 52 位校友返校，共同纪念入校 20 周年

外国语学院 90 周年院庆校友剪影 1

外国语学院 90 周年院庆校友剪影 2

3. 校友导师团

2017 年，外国语学院敦聘校外实践导师

2014 年外国语学院知名校友讲师团首场讲座

"惜时造梦，携手追风" 外国语学院校友导师团系列讲座

4. 党委活动

外国语学院教工党总支大学英语教学部党支部召开支部组织生活会

外国语学院党委在教工之家召开民主党派、无党派教师和青年教师新春座谈会

外国语学院党委直属机关党支部赴中共三大旧址纪念馆开展党史教育活动

2017年6月14日，教工党支部前往水口战役纪念园开展党员实践活动

2017 年 9 月 28 日，中山大学附属第三医院胃肠肝胆甲乳外科党支部与外国语学院大学英语教学部党支部展开结对共建活动

2013 年 11 月 4 日，外国语学院党委深入阳山县高陂村开展党的群众路线教育实践活动

2018 年 7 月 2 日至 5 日，中共暨南大学外国语学院党委党务在福建南田开展党员教育培训活动

　　2018 年 10 月 30 日，外国语学院党委举行"重走总书记视察路线，传承践行暨南精神"活动，一起参观暨南大学校史馆，深入学习领会习总书记的重要讲话精神

5. 扶贫活动

外国语学院党委赴阳山县高陂村开展扶贫慰问活动

外国语学院党委赴南雄市籍过村开展扶贫慰问活动

外国语学院赴南雄市篛过村开展扶贫慰问活动 1

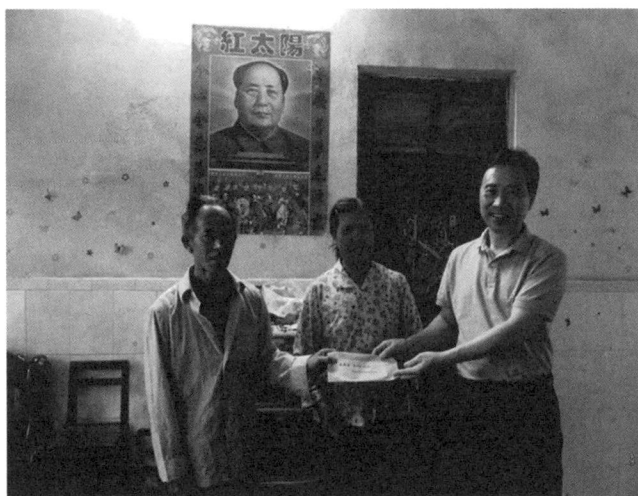

外国语学院赴南雄市篛过村开展扶贫慰问活动 2

6. 学生活动

（1）文艺活动。

外国语学院学生参加暨南大学国际土风舞大赛 1

外国语学院学生参加国际土风舞大赛 2

（2）体育活动。

外国语学院学生参加啦啦操比赛

外国语学院学生参加篮球、羽毛球、足球和排球比赛

（3）赛事。

外国语学院学生参加暨南大学第十届外语歌唱大赛

外国语学院学生参加校歌合唱比赛

英语演讲比赛

口译大赛

日语演讲比赛

商务英语实践大赛

莎士比亚戏剧大赛

心理剧大赛

辩论赛

职业规划大赛

（4）社会实践。

外国语学院港澳台侨学生赴肇庆开展社会实践活动

外国语学院港澳台侨学生赴广东省连南和连州两地开展社会实践活动

（5）爱国主义教育活动。

2013 年 6 月 28 日，外国语学院研究生党支部在海南省儋州市中和镇开展为期 10 天的"三下乡"活动

2014 年 12 月 4 日，外国语学院本科生党支部前往中共三大旧址开展主题教育活动

2015 年 12 月 24 日，外国语学院研究生党员前往三元里抗英纪念碑和从化石门森林公园参观、学习

2016 年 6 月，外国语学院"映像"公益服务队参加三下乡实践活动，为偏远地区老人拍照

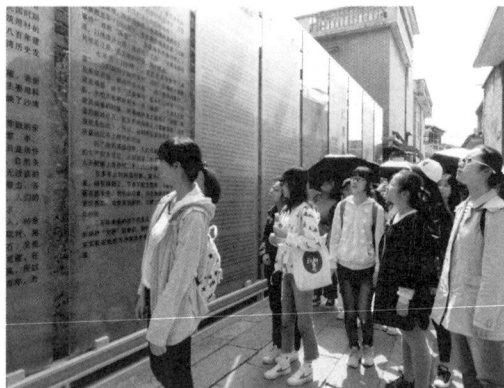

2016 年 3 月 22 日，外国语学院本科生党支部前往沙湾古镇开展党员爱国主义教育实践活动

2017 年 12 月 1 日，外国语学院老师、辅导员和 2017 级全体研究生前往虎门开展爱国主义教育之旅

（6）其他活动。

外国语学院学生会组织参加中国文化节活动

外国语学院学生参加"根系暨南情·公益健步行"活动

外国语学院学生体验并学习日本茶道

外国语学院"JNU Helpler"志愿者服务队开展服务活动

外国语学院学生会开展素质拓展活动

（7）学院英文报。

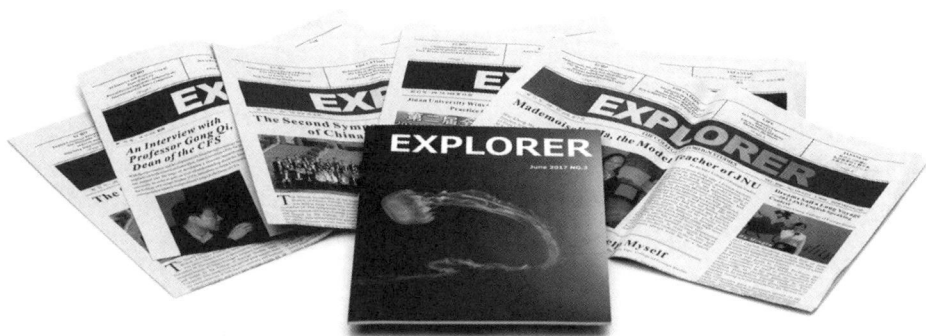

EXPLORER 是由暨南大学外国语学院创办的外文报纸，其语言以英语为主，兼有日语。取材广泛新颖，兼容并包是它的主要特色。本报分为新闻版、生活版、学习版和日语版四个版面，各有特色